To Mya Lov'e Boyd, Shirley Jean Clark, Reverend Eugene E. Hardin, and all the true heroes of the world.

Now Is The Time To Make History

"Live Your Song"

Lonna Hardin

"Freedom is never given it is won."

-- A. Philip Randolph

President Barack Obama

First Lady Michelle Obama

"Never be limited by other people's limited imaginations."

-- Dr. Mae Jemison

First African American Female Astronaut

Harriet Tubman

"Every great dream begins with a dreamer.

Always remember, you have within you the strength, the patience, and the passion to reach for the stars to change the world."

-- Harriet Tubman --

Booker T. Washington

Sojourner Truth

W. E. B. Du Bois

George Carver Washington

"Only in the darkness can you see the stars."

-- Dr. Martin Luther King, Jr.

Martin Luther King Jr

Coretta Scott King

"If you can't fly then run, if you can't run, then walk, if you can't walk then crawl, but whatever you do keep moving forward."

-- Dr. Martin Luther King, Jr.

Malcolm X

Rosa Parks

"You must never be fearful about what you are doing when it is right."

-- Rosa Parks

Nelson Mandela

Marcus Garvey

Mahalia Jackson

Michael Jackson

Bob Marley

Maya Angelou

Oprah Winfrey

African American Heroes

```
B L A C K M H I F B O I S S M T O S R A R Y M A K E N R S O
M B U Z A A L E O I N M N I E I U W E R Y E R K W F O A K G
N G R R Y B Q I N A R F O M E C C B V F S A W D A M S Z K K
U W T O V I F A B S V S A Y R E Y H R Y P U M K M U K T W K
D I G S S A L G U O D N T A V J F N A O P C H N J G C T O H
N V K T J U M A J D D S M F Y C A N C E I M I Y X M A W B Y
I J D T B L M X K E N C W R M R Y O V M L H O W I A J Y E G
O E D M O A Q X L M I B E E Y G G T R N W U P C C B S V I V
Y V U C H T L A T T O C S D H I X G O Z N A H O U N R O M E
K K L A A R D D S Y U A A E C Y U N F K R E R T R A V P R B
F A L H T U S I S E F L G R F C H I S K L E U Z G F N F C G
M I R G Q T D V M R B S Q I U H T H S L T O N W P R G I H R
A J X Z K H Z Y Q F R A R C E D U S E T L F D E T S N J O Z
W B N Z F B V P E N F H B K Q D J A A E A A K G L L V A S M
O J I A Y J D P T I U O O H X P W W G W A Z A M Z S S B X J
Z K Q E Y T L P I W U Y B K F R L N I Q V A I M U Y O Q R H
H M E T Y W D X Q O U U P Z W E A W V E Z U T Y M A A N G K
A A W Q W E F F I M P Q P B U S N M U F D X N R E H T U L S
X E R L B V B C G B C V U L B I B A Y P W X A Y P U E E Y Q
J V Q P Y O H K K D S Y T Q T D G R P T U K U K F C Z I G X
H S Q N O J C Y K Q T V O X X E T L T R Y R X J R T T F V P
Y V P P I U R P B X V Z J T G N D E S F H X I E R E M G R G
O B A M A C J T Y L Z Z F Z U T I Y K C A R A B E W K X B F
G P T P O A N L A X H F M G H R N D D P B K P I N M M O X E
N X O X V G T N A M B U T U R A G E O R G E L C R B O B O U
I R V B S P J X E K S Z Z A G Q A Q D M A Y I W U K R Z L B
K B Q H E I Y L P K N H H R V W W J L A O C G Z O B Y A Z A
H Q O Q V C G R P I C Q K Z B F M L U A K E Q M J B I A C H
O S X J D W C X D X C D G R Q A J G H D W K F N O T V X T K
H R I G E X J B F V N Y Q M B H W E H E L W H I S V O X R S
```

FIND THE FOLLOWING WORDS:

ANGELOU	JACKSON	NELSON
BARACK	KING	OBAMA
BOB	LADY	OPRAH
BOIS	LUTHER	PARKS
BOOKER	MAHALIA	PRESIDENT
CARVER	MALCOLM	ROSA
CORETTA	MANDELA	SCOTT
DOUGLASS	MARCUS	SOJOURNER
FIRST	MARLEY	TRUTH
FREDERICK	MARTIN	TUBMAN
GARVEY	MAYA	WASHINGTON
GEORGE	MICHAEL	WINFREY
HARRIET	MICHELLE	

Made in the USA
Monee, IL
09 January 2023

24788287R00017